촌수 박사 달찬이

글쓴이 | **유타루**

1965년 전북 부안에서 태어나 한국외국어대학교 아프리카어과를 졸업했습니다. 『별이 뜨는 꽃담』으로 제1회 송순문학상을, 『왕십리벌 달둥이』로 제7회 건국대학교 창작동화상을 수상했고, 『한 줄의 반성문』으로 한국문화예술위원회 문예진흥기금을 받았습니다. 지은 책으로 『금동이네 김장 잔치』, 『김홍도』, 『방정환』, 『장영실』, 『허준』, 『불대장 망개』, 『내 마음의 나이테』, 『북정록』, 『남한산성의 눈물』 등이 있습니다.

그린이 | **송효정**

이화여자대학교 미술대학을 졸업하고, 한국일러스트레이션학교(Hills)에서 일러스트레이션과 그림책을 공부했습니다. 엄마가 된 후로는 어린이의 감정과 일상에 가까이 다가가 살피게 되었습니다. 어린 친구들의 슬픔과 두려움, 기쁨을 그리는 화가가 되고자 합니다. 그린 책으로 『엄마 바보』, 『명심보감 따라가기』, 『색깔 속에 숨은 세상 이야기』, 『사과』 등이 있습니다.

촌수 박사 달찬이 유타루 글·송효정 그림

1판 1쇄 펴냄 2013년 2월 8일, 1판 5쇄 펴냄 2022년 5월 23일
펴낸이 박상희 편집주간 박지은 편집 이경민, 김지호 디자인 허선정 펴낸곳 **(주)비룡소**
출판등록 1994. 3. 17. (제16-849호) 주소 06027 서울시 강남구 도산대로1길 62 강남출판문화센터 4층
전화 영업 02)515-2000 팩스 02)515-2007 편집 02)3443-4318,9 홈페이지 www.bir.co.kr
제품명 어린이용 각양장 도서 제조자명 **(주)비룡소** 제조국명 대한민국 사용연령 3세 이상

ⓒ 유타루, 송효정, 2013. Printed in Seoul, Korea.
ISBN 978-89-491-8257-5 74300/ 978-89-491-8211-7(세트)

★ 호칭 및 가족에 관한 용어는 초등학교 교과서와 표준국어대사전, 국립국어원의 「표준 언어 예절」, 브리태니커 백과사전, 한국민족문화대백과의 관련 내용을 참고하여 썼습니다.

촌수 박사 달찬이

우리 가족의 촌수와 호칭을 알아볼까?

유타루 글
송효정 그림

비룡소

안녕? 나는 송달찬이야.
나이는 아홉 살, 초등학교 이 학년이지.
오늘은 우리 삼촌이 결혼하는 날이야.
우리 가족도 멋지게 차려입고 곧 결혼식장에 가야 해.

우아, 사람들이 정말 많아!
모두 삼촌 결혼을 축하해 주러 온 거야.
평소에 자주 못 보는 친척들도 모두 모였어.
잘됐다! 이참에 친척들 사진을 찍어 둬야지!

가족 앨범에는 친척 사진도 꼭 들어가야 해.
친척은 우리 가족의 가족이니까.
아빠의 아빠, 아빠의 엄마, 아빠의 형, 아빠의 동생,
엄마의 아빠, 엄마의 엄마, 엄마의 동생이
모두 우리 친척이야.

우리 가족은 아빠, 엄마, 나, 달미 네 명뿐이지만
우리 가족의 가족은 스무 명도 넘어!
우리 가족의 가족의 가족까지 더하면 백 명도 넘을지 몰라!
그중에서 오늘 만날 가족은 누구일까?

"달찬아, 달미야!"
앗, 큰집 기찬이 형 목소리야!
친척들 중에서도 기찬이 형이랑은 특히 마음이 잘 맞아!
말도 잘 통하고. 형은 꼭 우리 친형 같아!

큰아빠네 가족

나는 기찬이 형과 종형제야.
아빠의 남자 형제의 아들딸을
종형제라고 해.
종형제는 같은 성을 써.
우리나라에서는
아빠의 성을 따르거든.

아빠랑 큰아빠는 형제야.
큰아빠가 아빠보다 나이가 세 살 많지.
어렸을 때 큰아빠는 얌전한 아이였고,
아빠는 상처가 사라질 날이 없는
유명한 개구쟁이였대.

캐나다에 사는 고모와 고모부, 로즈도 왔어!
나보다 한 살 어린 로즈는 눈이 파란색이야.
고모부가 캐나다 사람이거든. 머리는 고모를 닮아서 까매.
로즈와 나는 자주 못 만나는 대신 영상 통화를 자주 해.

아, 저기, 삼촌이야!
결혼한다고 무지 신이 나나 봐. 싱글벙글 입을 못 다무네.
삼촌은 할아버지랑 할머니랑 함께 손님들을 맞고 있어.
할아버지 할머니는 삼촌의 엄마 아빠니까,
아들 결혼식을 축하하러 온 사람들에게 인사하는 거야.

왜 자꾸 두리번거리느냐고?
무지무지 신경 쓰이는
애가 하나 있거든.
다행히 아직 안 온 것 같아.
배탈이라도 나서
못 오면 좋을 텐데!

"삼촌, 결혼 축하해요!"
나와 달미는 삼촌 팔에 매달렸어.
"이제부터는 삼촌이 아니라, 작은아빠라고 불러야 한단다."
"작은아빠요?"
할아버지 말씀에 달미가 눈을 둥그렇게 떴어.
하지만 할아버지는 손님들을 맞느라 대답할 시간이 없어 보이셨지.
촌수 박사 송달찬이 나설 시간이야!

"친척들이 서로를 부르는 호칭은 하나가 아니야.
할아버지랑 할머니는 나를 '손자'라고 부르고,
아빠랑 엄마는 나를 '아들'이라고 부르고,
큰아빠랑 고모랑 삼촌은 나를 '조카'라고 부르잖아.
달미야, 너하고 로즈는 나를 뭐라고 부르지?"
"에이, 오빤 그것도 몰라? '오빠'라고 부르잖아!"
"아유, 귀 따가워!"

친척들이 나를 부르는 호칭은 여러 가지야.

"친척 간의 호칭은 촌수와 관계에 따라 달라져.
촌수는 친척 사이의 멀고 가까운 정도를 말하는데,
촌수가 적을수록 가까운 친척이야.
예를 들어 부부는 0촌, 부모와 자식은 1촌,
형제자매는 2촌이지."
"나랑 너는 몇 촌이야?"
기찬이 형이 물었어.
"친척과 내가 몇 촌인지 알고 싶으면 먼저 두 사람이
어느 조상에서 갈라져 나왔는지를 알아야 해.
기찬이 형과 나는 할아버지와 할머니에서 갈라져 나왔어.
조상을 알았으면 나와 조상의 촌수,
친척과 조상의 촌수를 모두 더해야 해.
나랑 아빠가 1촌, 아빠랑 할아버지가 1촌,
할아버지랑 큰아빠가 1촌, 큰아빠랑 기찬이 형이
1촌이니까 기찬이 형과 나는 4촌이야."

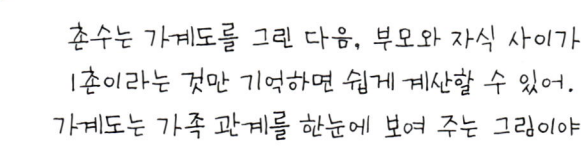

촌수는 가계도를 그린 다음, 부모와 자식 사이가
1촌이라는 것만 기억하면 쉽게 계산할 수 있어.
가계도는 가족 관계를 한눈에 보여 주는 그림이야.

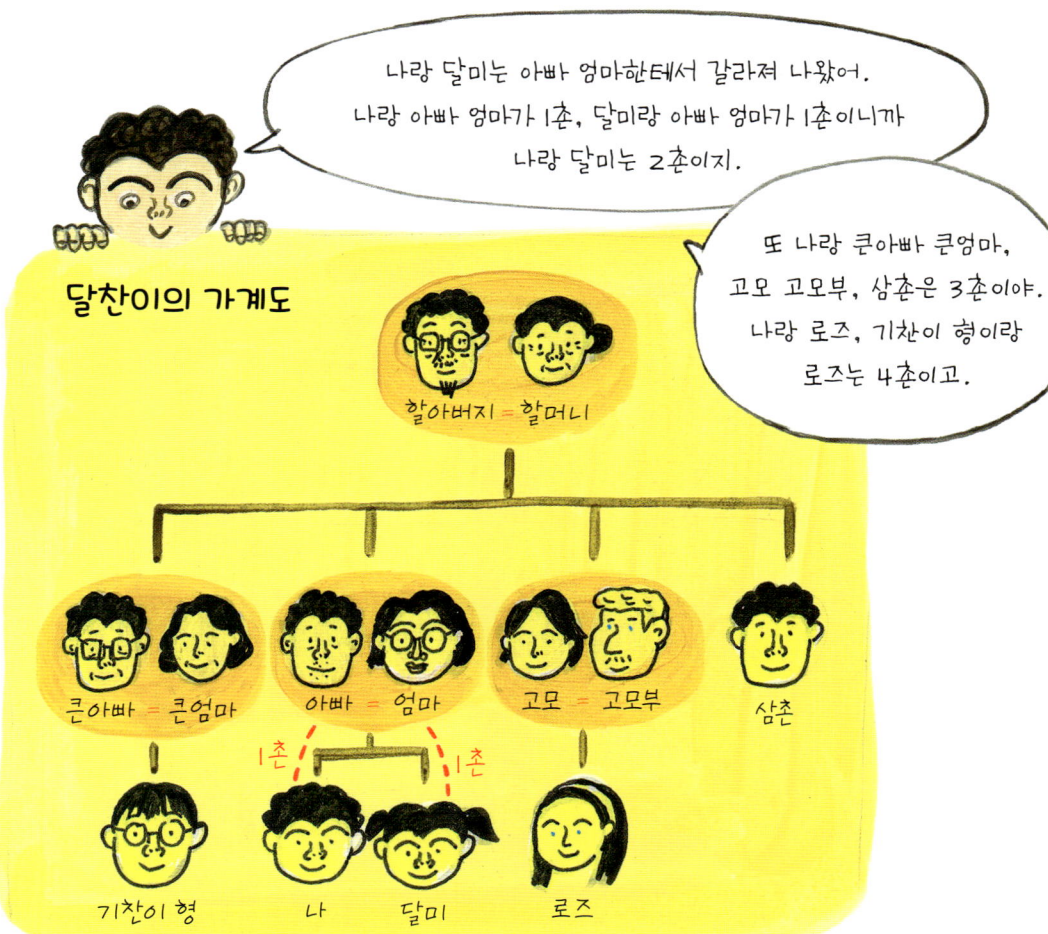
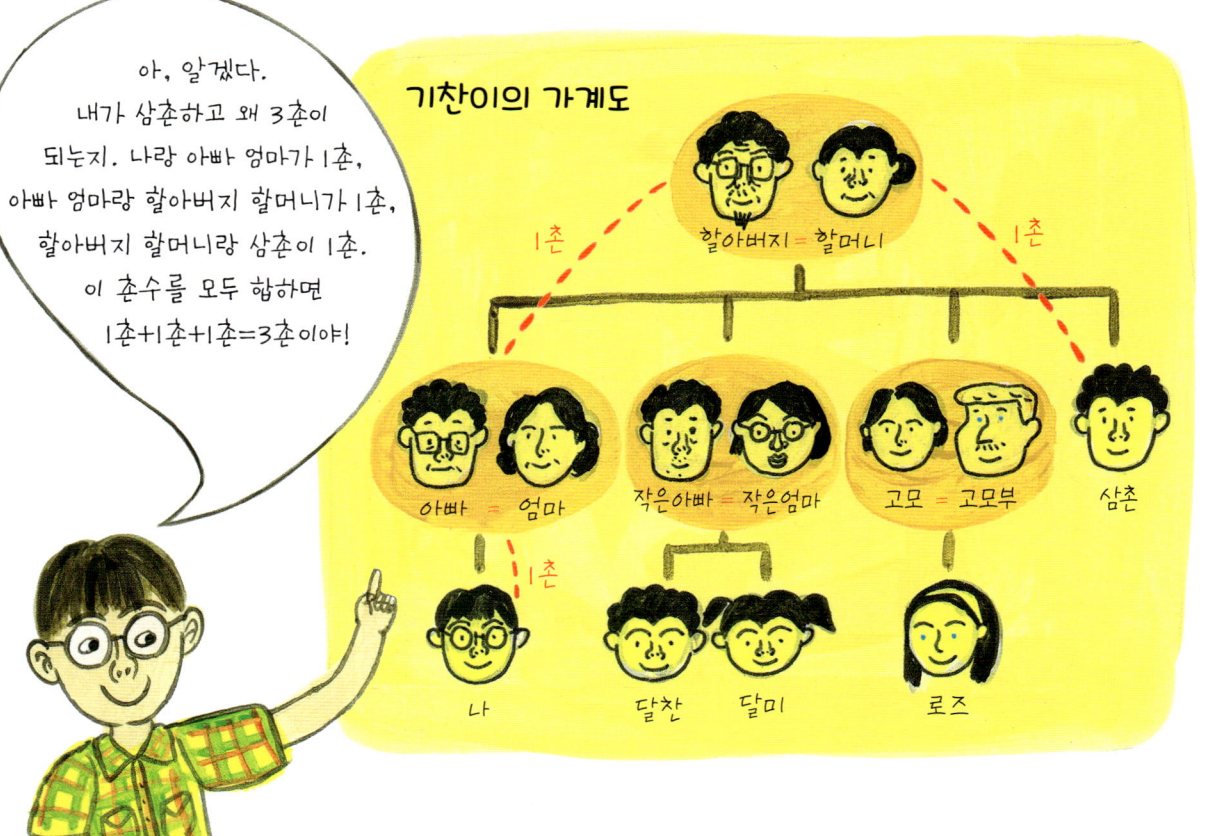

또 다른 친척을 예로 들어 볼까?
저기 아저씨 보이지? 저 아저씨는 아빠의 4촌 형제이고
우리와는 5촌이야. 우리는 저 아저씨를 당숙이라고 부르고,
아저씨는 우리를 당질이라고 불러. 로즈한테는 외당숙이야.
가계도를 보고 촌수를 한번 계산해 봐.

증조할아버지 = 증조할머니
1촌 1촌

할아버지 = 할머니
종조할아버지 = 종조할머니
1촌 1촌

큰아빠 = 큰엄마   아빠 = 엄마   고모 = 고모부   삼촌   당숙(종숙)
1촌

기찬이 형   나   달미   로즈

달찬이 오빠는 정말 촌수 박사구나!

"외삼촌은 나랑 촌수가 3촌이라서 외삼촌이라고 부르는 거구나!"
"근데 아까 할아버지가 삼촌이 아니라 작은아빠라고
불러야 한다고 하셨잖아?"
"뭐? 그럼 삼촌이 결혼하면 3촌이 아닌 거야?"
로즈와 달미와 기찬이 형이 한마디씩 했어.

갑자기 뒤에서 듣기 싫은 목소리가 짜랑짜랑 들려왔어.
"달찬이, 너 여기 있었구나. 한참 찾았는데!"

달찬아!

어휴, 결국 왔구나. 아까부터 신경 쓰인다는 애가 바로 얘야.
나를 촌수 박사로 만든 애지. 나보다 두 살이나 어린데,
내가 높임말을 써야 해. 왜냐고? 얘가 우리 엄마의 막냇동생이거든.
나한테는 '작은이모'이고.
"달찬이 너 왜 인사 안 해? 이모를 봤으면 인사를 해야지!"
'으악, 또 이모 놀이 시작했네!'

나는 못 들은 척 외할아버지 외할머니한테 인사했어.
"외할아버지, 외할머니, 안녕하세요?"
"오냐, 달찬이 그새 많이 컸구나."
"엄마, 달찬이가 나한테 인사도 안 해!"
그 애가 자기 엄마한테, 그러니까 외할머니한테 일러바쳤어.
외할머니가 빙그레 웃기만 하자, 이번에는 우리 엄마한테 종알댔어.
"큰언니, 아들 교육 좀 잘 시켜. 이모한테 인사도 안 하잖아!"
"아유, 알았어. 달찬아, 순덕이 이모한테 얼른 인사해."

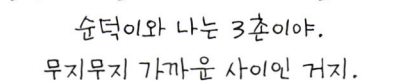
촌수라도 멀면 자주 안 봐도 될 텐데.
순덕이와 나는 3촌이야.
무지무지 가까운 사이인 거지.

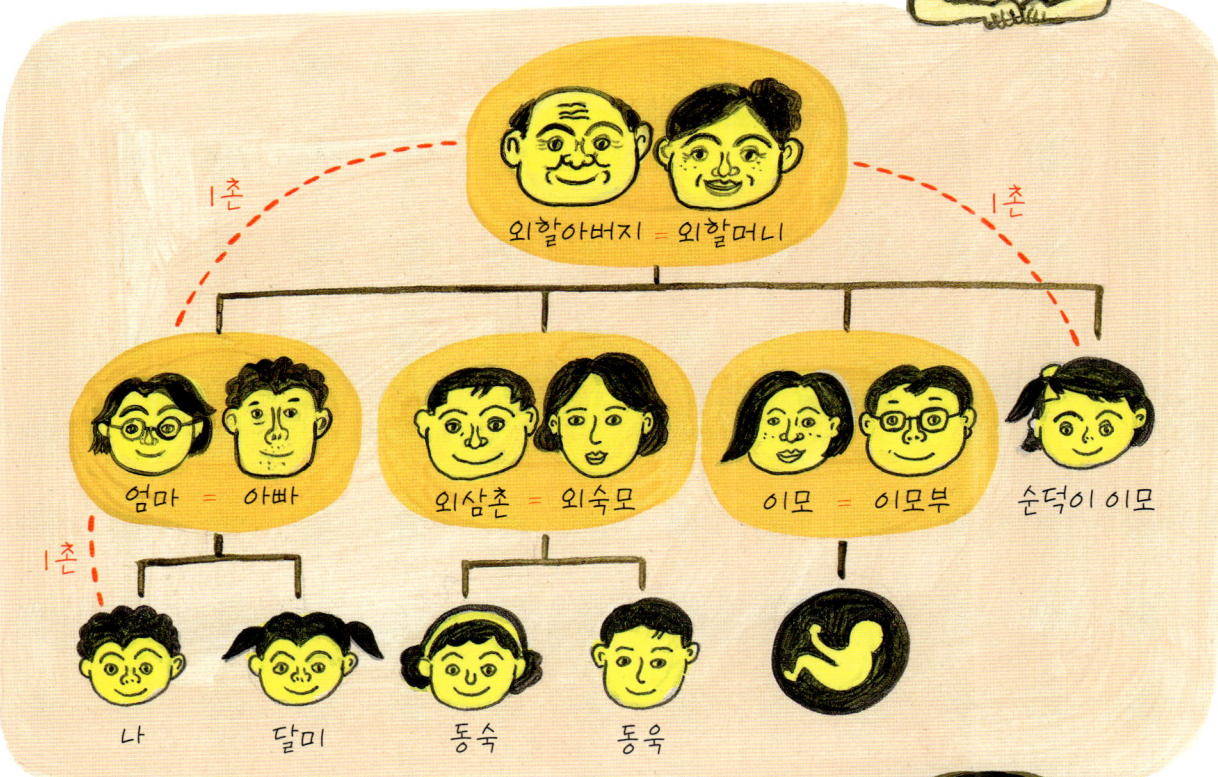

으악, 어서 도망가야겠어.
다들 '달찬아, 순덕이 이모라고 불러 봐.'
하는 눈빛이야.
나보다 두 살이나 어린 애한테 어떻게
"안녕하세요?" 하느냐고! 난 못 해!
나는 신부를 보러 간다며 슬쩍 자리를 피했어.

"외삼촌, 외숙모, 안녕하세요? 동숙이, 동욱이도 안녕?"
외삼촌네 동숙이와 동욱이는 쌍둥이야.
동숙이가 1분 먼저 태어나서 누나지.
동욱이는 동숙이를 꼭 누나라고 불러.

앗, 저기 순덕이야! 언제 따라왔지?
아유, 순덕이는 만날 이래. 내가 얼마나
괴로운지도 모르고 내 뒤만 졸졸 따라다닌다니까.

나는 신부 대기실로 뛰어갔어. 순덕이도 따라왔지.
하얀 드레스를 입은 신부가 꼭 공주님 같았어.
"축하드려요. 작은엄……."
나는 말을 하다가 얼버무렸어.
작은엄마라고 부르려니 괜히 쑥스럽지 뭐야.

결혼은 참 신기해!
지난번에 만났을 때는 그냥 삼촌의 여자 친구였는데,
이젠 한 가족이 되었잖아. 다음번에는 꼭 작은엄마라고 불러야지!

드디어 결혼식이 시작되었어. 신랑 신부가 멋지게 입장했어.
십 년 전에 우리 아빠 엄마도 이렇게 한 가족이 되었겠지?

결혼식이 끝나고 온 가족이 모여 기념사진을 찍었어.
순덕이가 자꾸만 옆에 달라붙어. 나는 순덕이를 슬쩍 밀었지.
갑자기 순덕이가 으앙 하고 울음을 터트렸어.
"왜 밀어? 나는 달찬이 네가 좋단 말이야!"
"계속 울면 너만 빼놓고 사진 찍을 거야."
사진사 아저씨 말에 엉엉 울던 순덕이가 울음을 뚝 그쳤어.
나는 망설이다 순덕이 손을 살짝 잡았어.
그 순간, 사진 찍는 소리가 났어. 찰각!

순덕이가 날 못살게 굴려고 이모라고 부르라고 한 것도 아닌데,
내가 너무했던 것 같아. 순덕이 이모, 순덕이 이모 하고 자꾸 부르다 보면
순덕이랑도 기찬이 형, 로즈처럼 친해질 수 있겠지?
'순덕아, 심술부려서 미안해. 다음부터는 순덕이 이모라고 부를게.'

가족은 어떻게 만들어질까?

우리는 세상에 태어날 때부터 가족을 갖게 돼요. 나를 낳아 준 아빠와 엄마가 바로 나의 가족이에요. 혈연으로 맺어진 가족들은 생김새도 닮았어요. 아빠가 곱슬머리면 아이도 곱슬머리이고, 엄마가 눈썹이 진하면 아이도 눈썹이 진하지요.

아빠와 엄마는 결혼으로 가족을 이루었어요. 원래는 혈연 가족들과 살았던 아빠와 엄마가 결혼해 둘만의 가정을 꾸리면서 새로운 가족이 만들어진 거예요. 아빠의 가족은 엄마에게 새로운 가족이 되고, 엄마의 가족은 아빠에게 새로운 가족이 되었어요. 그리고 아빠 엄마가 나와 나의 형제자매들을 낳으면서 가족이 늘어났지요.

요즘은 혈연으로 맺어지지 않은 가족도 많아요. 입양을 통해서 가족이 만들어지기도 해요. 부모가 직접 낳은 아이가 아니라도 자녀로 받아들이고 법적인 절차를 통해 입양하면 가족을 이룰 수 있지요. 또 혈연이나 결혼으로 맺어진 가족은 아니지만 가족처럼 함께 사는 사람들도 있어요. 가족이 없거나 가족과 함께 살기 힘든 사람들이 모여 살거나 마음이 맞는 사람들과 사는 대안 가족도 많이 있지요.

가족은 무슨 의미가 있을까?

가족은 사람이 살아가는 데 필요한 여러 가지 일들을 서로 도우며 살아가요. 아빠 엄마는 가족을 위해 일을 하고, 아이들은 부모를 도와 집안일을 함께해요. 가족이 아프거나 이사를 해야 하는 등의 어려운 일이 생기면 함께 의논하여 문제를 해결하고요. 가족의 기쁜 일과 슬픈 일, 힘든 일을 함께 나누면서 가족은 서로에게 힘이 되어 줄 수 있어요.

함께 사는 가족뿐 아니라 가족의 가족들도 서로 도우며 살아가요. 할아버지 할머니가 나를 아껴 주시는 것처럼 나도 할아버지 할머니의 건강을 염려하고 사랑할 수 있지요. 자주 만나기 힘든 가족이라도 어려운 일을 돕고, 기쁜 일을 축하하며 살아간다면 서로에게 큰 힘이 되어 줄 수 있어요. 가족은 세상에서 나와 가장 가까운 사람들이에요.

가족과 친척과 인척은 뭐가 다를까?

가족은 한 집에 모여 사는 부모와 그 자식들처럼 결혼과 혈연, 입양으로 이루어진 집단이에요. 사회를 이루는 가장 작은 단위의 집단이지요.

친척은 더 넓은 의미의 가족으로, 같은 조상을 가진 혈연이에요. 가깝게는 아빠의 가족인 친가 가족들, 엄마의 가족인 외가 가족들에서 할머니와 할아버지의 형제자매들, 그 가족들을 다 포함해요.

인척은 결혼으로 맺어진 친척이에요. 우리 가족과 결혼한 사람의 가족들이 인척이지요.

옛날에는 한 마을에 온 친척이 모여 살기도 했어요. 이처럼 같은 성씨를 가진 사람들이 모여 사는 마을을 가리켜 '집성촌'이라고 불러요. 앞집, 뒷집, 옆집 이웃들이 다 같은 집안사람들이고 친척인 거예요.

오늘날 가족은 어떤 모습일까?

옛날에는 대부분이 대가족을 이루고 살았어요. 하지만 사회가 발전하고 세계화하면서 가족의 형태도 변화했지요. 오늘날에는 다양한 모습의 가족이 있어요.

• 가족 구성원의 세대에 따라 가족의 형태를 구분할 수 있어요.
핵가족은 아버지, 어머니, 자녀만으로 이루어진 가족으로 2대 가족이에요.
대가족은 할아버지와 할머니, 아버지와 어머니, 자녀 등 3대 이상이 함께 사는 가족이에요.
확대 가족은 자녀들이 결혼한 뒤에도 부모와 함께 사는 가족이에요.

• 가족 구성원의 특성에 따라 가족의 형태를 구분할 수 있어요.
한 부모 가족은 아버지 또는 어머니와 자녀가 함께 사는 가족이에요.
조손 가족은 할아버지, 할머니와 손자손녀가 함께 사는 가족이에요.
다문화 가족은 아버지나 어머니 중 한 분이 외국인인 가족이에요. 국제결혼을 통해 만들어진 가족이지요.
입양 가족은 입양을 통해 이루어진 가족이에요. 부모와 입양 자녀가 함께 살아요.
사랑의 집 가족은 부모가 다르거나 혈연이 아니지만 함께 사는 가족이에요. 어린이, 청소년, 노인, 장애인 등 혈연 가족과 함께 살기 어려운 사람들이 모여서 생활하지요.

가족의 형태는 앞으로 더욱 다양해질지 몰라요. 하지만 함께 생활하며 서로 사랑하고 아끼는 가족 간의 사랑만큼은 달라지지 않을 거예요.

작가의 말

오래전, 잔치나 결혼식이 있으면 많은 친인척들이 우리 집에 모였습니다. 가족과 친인척들로 집이 북적 거리던 날이면 아버지는 어린 제게 신발 정리를 시켰습니다. 토방에 신발을 가지런히 놓고 놀다 보면 방 안에서 목소리가 들렸습니다. "서른동 고모 나가신다. 사치산 큰당숙도 나가신다." 아버지 목소리에 나는 그 많은 신발들을 보며 당황했습니다. '서른동 고모? 사치산 큰당숙이 누구였더라? 고모면 여자 신발이고, 당숙이면 남자 신발일 텐데, 어떤 거지?' 하고 말입니다.

가족과 친인척은 집안의 크고 작은 일을 함께 하는 공동체입니다. 가족 공동체는 아주 오래전부터 이어 져 내려온, 인류의 보편적인 전통이자 독특한 문화라고 할 수 있습니다. 가족과 친인척은 그 자체만으로도 가치 있고 소중합니다. 가족은 나를 비롯한 모든 개인이 속한 가장 작은 사회이자 우리 사회를 건강하게 받쳐 주는 주춧돌이기 때문입니다.

'나'는 누구이며 가족과 친인척 사이에서 어느 위치에 있을까요? 가족과 친척은 나에게 무슨 의미가 있 는 사람일까요? 이를 알려 주는 실마리가 바로 촌수와 호칭에 있습니다. 한 가족이라도 사람마다 나와 촌 수가 다르고 그에 따라 부르는 이름도 다릅니다. 그렇기 때문에 촌수와 호칭을 통해서 나의 정체성과 가족 의 소중함을 깨달을 수 있습니다. 촌수를 바로 알고 호칭을 바르게 쓰면 가족과 친척 간에 우애와 신뢰가 쌓이고, 사랑과 화목이 다져질 것입니다.

가족과 친인척은 한 울타리 꽃밭에 있는 꽃들이라는 생각이 듭니다. 한 울타리 안의 꽃나무들은 지금껏 별과 무지개를 함께 보고, 비바람을 함께 견디었을 것입니다. 서로의 이름과 그 의미를 정확히 알고 불러 주면 꽃은 더 향기롭고 꽃밭은 더 아름다운 법입니다. 옆에 있는 꽃나무에게 말을 걸어 보세요.

"안녕? 넌 누구니? 꽃잎 모양이랑 색깔이 나랑 닮았구나. 내가 널 뭐라고 부르면 될까?"

눈꽃송이들이 꽃밭 이루는 걸 보며, 유타루

★ **초등학교 교과서와 함께 봐요!**

1-1 여름1 1. 우리는 가족입니다
3-1 도덕 3. 사랑이 가득한 우리 집
3-2 사회 3. 가족의 형태와 역할 변화 1)가족의 구성과 역할 변화

달찬이와 함께하는
우리 가족 가계도 그리기

- 촌수는 가족과 친척 사이의 멀고 가까운 정도를 나타내는 기준이에요. 부모와 자식 사이가 1촌이지요. 다른 친척과 나 사이의 촌수를 알고 싶으면 공통의 조상과의 촌수를 서로 더하면 돼요.
- 가족 호칭은 가족 관계를 나타내는 부름말이에요. 부르는 사람과 부르려는 사람의 촌수와 관계에 따라 같은 사람을 뜻하는 호칭이 달라져요.

외할아버지 = 외할머니

엄마

나의 뿌리를 알려 주는 그림, 가계도를 그려 봐요!

가계도는 가족 관계를 나타내는 그림이에요. 내가 세상에 태어나게 해 준 가족들과 가족의 가족들인 친척들이 서로 어떤 관계인지 한눈에 알려 주지요. 우리 가족의 가계도를 그려 보고 친척들의 호칭과 촌수도 알아봐요.

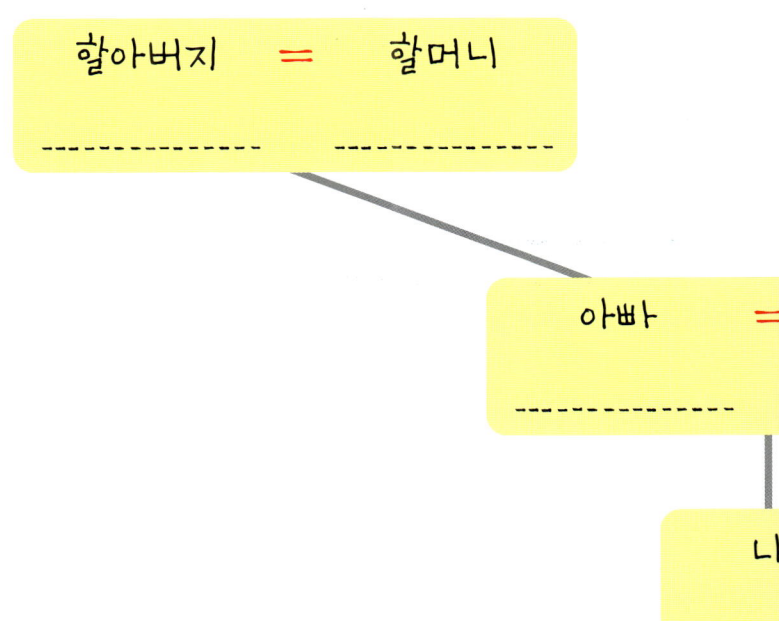

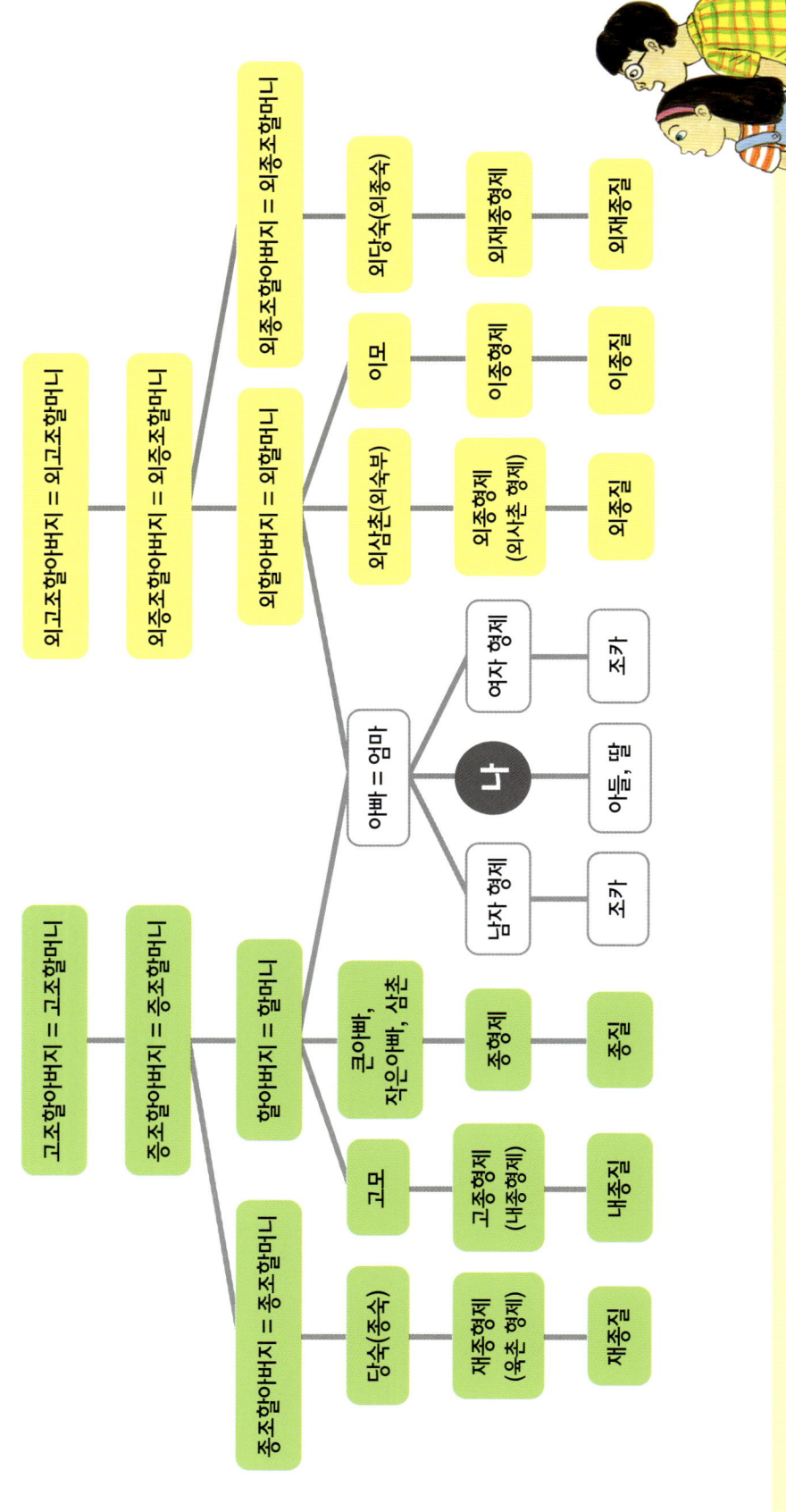